Mindfulness para todos los días

Mindfulness para todos los días

Vivir plenamente aquí y ahora

Ediciones Luciérnaga

Título original: *The Doors of Joy*
La edición en lengua española ha sido contratada
a través de Montse Cortazar Literary Agency
(www.montsecortazar.com). Todos los derechos reservados.

Primera edición: enero de 2014

Ediciones Luciérnaga,
Pedro i Pons 9, 11ª Pta
08034-Barcelona
info@edicionesluciernaga.com
www.edicionesluciernaga.com

Víctor Igual - fotocomposición
Impresión: Liberdúplex
Depósito legal: B. 27566 - 2013
ISBN: 978-84-15864-17-2

En nuestro mundo contemporáneo, cosmopolita y acelerado, es frecuente que la vida se nos ofrezca atenuada o velada por ciertos automatismos mentales. Un piloto automático rige nuestra conducta con precisión horaria. La corriente de la vida que nos atraviesa a cada instante es silenciada por un constante murmullo mental que juzga y prejuzga cada uno de nuestros actos. Perdemos la inmediatez de la existencia, la interacción del cuerpo con la naturaleza. Nuestras propias percepciones parecen diluirse en un vértigo exasperante de saturación cognitiva. La serenidad y el equilibrio nos abandonan, y carecemos de raíz vital para afrontar los problemas de una forma imparcial y desprejuiciada. Hay una manera de invertir este proceso, un antiguo conocimiento práctico que puede aplicarse eficazmente a nuestra vida moderna, propiciando el regreso de la sabiduría del cuerpo, el bienestar interior, la calma mental y el equilibrio de la mirada. Este camino se conoce como mindfulness.

«El mayor impedimento para vivir es la espera, porque dependiendo del mañana se pierde el hoy.»

Séneca

La mente tiende a proyectarse hacia el futuro y hacia el pasado para anticiparse al porvenir y evaluar los actos que hemos realizado o nos han acontecido. Esto nos arranca del ahora, el dilatado instante presente que es lo único que poseemos, lo único que constantemente nos atraviesa. Liberarnos del pasado y del futuro equivale a habitar el presente más intensamente e introducir una cierta densidad en la textura de la realidad en la que somos transeúntes. El instante presente conserva un inmenso tesoro de serenidad que solo espera que lo abramos con la llave de la atención consciente. Para ello será necesaria una cierta lentitud, un cierto aquietamiento. Aguas calmas en la vorágine de lo cotidiano. Un eje que apacigua la mente y nos armoniza con todo cuanto nos rodea.

«El secreto de la salud para la mente y el cuerpo reside en no lamentarse del pasado, no preocuparse por el futuro y no anticipar los problemas, sino en vivir el momento presente seria y sabiamente.»

BUDA

En el mindfulness la respiración ocupa un lugar privilegiado. Al concentrar la atención en ella, nos liberamos de las ataduras del flujo mental y accedemos plenamente al momento presente, que podremos habitar en todo su esplendor, sin juicios o concepciones previas, sin esquemas abstractos, en una plenitud sensorial sin mediaciones. El trabajo con la respiración será una de las herramientas fundamentales para reforzar nuestra presencia en el mundo y el vínculo que nos une a todo aquello que nos rodea.

Ejercicio de respiración consciente

- Tome asiento en un lugar cómodo, silencioso e iluminado. Es preferible que la espalda esté recta y se mantenga una posición erguida para evitar sucumbir al sueño.
- Explore sus sensaciones corporales: el tacto del respaldo de la silla y el asiento, y la sensación de los pies en contacto con el suelo.
- Respire con normalidad y centre su atención en cada uno de los movimientos de

su cuerpo al respirar, especialmente en el pecho y el abdomen.

- Reduzca lentamente el ritmo respiratorio.
- Inspire mientras cuenta hasta 5.
- Guarde el aliento mientras cuenta hasta 2.
- Espire mientras cuenta hasta 5.
- Perciba cómo la sensación de relajación se extiende por todo su cuerpo.
- Recupere el ritmo normal de la respiración y observe los movimientos del pecho y el abdomen.
- Se recomienda realizar este ejercicio al menos una vez al día y durante 10 o 15 minutos.

«Respira, respira en el aire
no te importe preocuparte.
Déjate ir, pero no te vayas,
mira alrededor y elige tu arraigo.
Todo cuanto vivas y sobrevueles,
las sonrisas y las lágrimas que entregues,
todo lo que toques y todo lo que veas
será lo que dará forma a tu vida.»

PINK FLOYD, «BREATHE»

«¡Respira! ¡Respira!
No tardará mucho.
¡Respira! ¡Respira!»

KYLIE MINOGUE, «BREATHE»

El juego de los niños

- Observe jugar a los niños. Su capacidad de concentración ¿no tiene que ver con la atención plena?
- Una vez a la semana, procure recuperar un juego clásico de la infancia: el trompo, la rayuela, las canicas, etc. Juegue solo, paladeando cada instante, deleitándose en los preparativos, consciente de cada gesto y cada movimiento. No juzgue los resultados. Abandónese a la apertura mental de ese nuevo tiempo recobrado: la gozosa se-

renidad atemporal de la infancia, renovada gracias a este sencillo ejercicio de atención plena.

El mindfulness es como un estado similar a la infancia, cuando la mente que observa y lo observado son una unidad. Antes de que el juicio racional y la conciencia discriminadora actúen como filtros y mediadores entre el yo y el mundo. Antes de la construcción de un «yo» sólido que se enfrenta al mundo como una entidad aislada. En la infancia las fronteras son porosas, la identidad fluye hacia la realidad, y la realidad irrumpe en la conciencia de forma plena, abierta, reconstituyente.

«Un niño nunca piensa en el pasado. En realidad no tiene pasado en el que pensar. Un niño no está preocupado por el futuro, no posee consciencia del tiempo. Vive totalmente despreocupado. Se mueve momento a momento y nunca se queda con algo incompleto. Cuando se enfada, se enfada y en su enfado le dirá a su madre: "Te odio".

»Y no son solo palabras, son la realidad. En verdad, en ese instante él siente un odio total. Al instante siguiente se saldrá de él y se pondrá a reír, y besará a su madre y le

dirá: "Te quiero". No hay contradicción. Son dos momentos diferentes. Odiaba totalmente y ahora ama totalmente. Fluye como un río, zigzagueando, pero esté donde esté, dondequiera que esté el río, él es total, fluye.»

Osho

La atención plena es la afirmación de la vida. Un sí rotundo, una rosa de los vientos, una apertura a las infinitas potencialidades de la existencia. Cuando el día a día nos erosiona con sus automatismos y nos obliga a deslizarnos hacia cierta inconsciencia, la atención plena nos arraiga en el aquí, nos vincula al ahora y nos despierta las energías vitales subterráneas, acalladas, adormecidas. El Sí estalla entonces como una fruta madura en la punta de los labios, afirmación serena de nuestro lugar en el cosmos.

Somos entonces conscientes de ser un punto en una vasta red de vibraciones. Puntos sonoros, cuerdas pulsantes en la trama musical de la vida. El Sí brota como un géiser, nos invade y nos posee. Irradia en círculos concéntricos de atención plena hacia los demás.

La respiración afirmativa

- En cualquier momento del día, abstráigase del mundo y resérvese un rincón tranquilo. Un momento de reposo entre las diversas tareas cotidianas resulta idóneo para esta práctica. Inspire, conserve el aire en los pulmones mientras pronuncia mentalmente: «Sí a la vida». Espire con lentitud y mire a su alrededor. Fije la vista en cualquier objeto, recorra su superficie y deje que el Sí que le recorre interiormente fluya hacia el exterior. Repita la inspiración afirmativa varias veces al día. Practíquela en la cama, antes de abandonarse al sueño. Piense que su cuerpo es un sistema abierto a la naturaleza, a la luz y a la vida circundante. Imagine que la respiración afirmativa atraviesa todos sus poros, inunda el torrente sanguíneo y, desde ahí, alcanza todos los rincones de su organismo. Perciba cómo la serenidad se posa en cada una de sus extremidades, en cada uno de sus órganos, en cada centímetro de su piel. Los efectos sedantes de esta sencilla práctica no tardarán en hacerse notar.

«A veces tenemos el poder de decir sí a la vida. Entonces nos llenamos de paz y nos sentimos completos.»

RALPH WALDO EMERSON

El mindfulness no es solo una técnica. Es un arte de vida. Un arte para la vida. Un arte que abre el mundo y la atención para una vida plena. Atrapados en el vértigo de una existencia progresivamente acelerada, anclados a rutinas laborales extenuantes, en ciudades acosadas por el ruido y la contaminación, es necesario detenerse, parar el flujo del tiempo y atender a cuanto nos rodea. Para aprender a habitar el mundo de otro modo. Para morar y demorarse, haciendo de la lentitud y la observación de cada instante el eje que sostiene la mirada. Algo se abre entonces ante nosotros: una flor de serenidad, nuestro cuerpo y nuestra vida fluyen en un delicado unísono con la realidad. Las cosas adquieren sabor, los perfiles se agudizan, cada sensación es un tesoro ante el cual extasiarse. No solo una técnica. Un arte de vida. La vida de todos en este mundo, en este instante, ahora.

«El Buda dijo en una ocasión que el problema de la vida y la muerte es en sí mismo el problema de la plena conciencia. Estar o no vivo depende de si eres consciente.»

THICH NHAT HANH,
El milagro de mindfulness

El mindfulness, o arte de la atención y la respiración, hunde sus raíces en un pasado milenario. En la antigua India, las darsanas o sistemas de pensamiento del hinduismo ortodoxo iban acompañadas de yogas o aplicaciones prácticas de los conceptos metafísicos. El cuerpo no se desligaba de la mente. El cuerpo era atendido y cuidado, porque era un receptáculo, un vehículo de conocimiento. El budismo hizo de la atención al instante y la observación del flujo mental uno de los principios rectores de su práctica. En Occidente, la filosofía se convirtió en una disciplina puramente especulativa y el saber del cuerpo, el vuelco en la atención, fue relegado a lo largo de los siglos. El mindfulness bebe de las antiguas fuentes orientales, pero se adapta a las exigencias y las necesidades de la vida moderna.

«Ser consciente de las sensaciones en las sensaciones, de la mente en la mente.»

BUDA

No debe confundirse con la meditación, aunque comparta con ella la búsqueda de un cierto aquietamiento. El mindfulness no exige una concentración tan rigurosa y puede aplicarse a una infinidad de actividades de la vida cotidiana. Basta con realizar cualquier cosa con atención al instante, implicando en cada gesto la respiración, el cuerpo, ahondando en la sensación de pertenecer al mundo, de ser uno con nuestros actos. También puede aplicarse a la observación de la mente. Esto nos hace ser conscientes de la fugacidad de los pensamientos y las emociones, que pasan como nubes efímeras.

Ejercicio de observación de la mente

Póngase cómodo en una silla con respaldo recto, en una habitación silenciosa.

- Con los ojos cerrados, inspire y espire lentamente. Cuente hasta 5 en cada inspiración y en cada espiración.
- Deje fluir la mente libremente. No reprima ningún pensamiento o sensación, ni pretenda forzar su irrupción. Limítese a observarlos.
- Si el pensamiento le resulta agradable, déjelo estar hasta que se disuelva por sí solo.

- Si el pensamiento le resulta desagradable o se trata de una emoción negativa, aguarde a que sea sustituido por otro.
- Observe el libre fluir de los contenidos de la conciencia, sin aferrarse a ninguna imagen o pensamiento.
- Deje que el ritmo sincopado de la respiración actúe como metrónomo y armonice el flujo de la conciencia. Abandónese a ese ritmo.
- Transcurridos diez minutos, abra los ojos e incorpórese.

«Un pensamiento es como la corriente de un río, no tiene ninguna estabilidad: en cuanto es creado, se manifiesta y luego desaparece. Un pensamiento es como la llama de una lamparilla y actúa a través de las causas y las condiciones. Es como un relámpago, aparece por un momento y al siguiente desaparece.»

SANTIDEVA, *Siksasamuccaya*

SABOREAR EL INSTANTE

Aplicar el mindfulness a la alimentación nos ayuda a disfrutar plenamente de los sabores y contribuye a hacernos conscientes de la necesidad de una dieta equilibrada. Romper con los automatismos en este campo nos abre a un mundo de riqueza sensorial que nuestro estilo de vida apresurado tiende a borrar o atenuar. Recuperar la serenidad, disfrutar de la riqueza de los diversos sabores concertados en el paladar, y experimentar la interacción física de los alimentos y el sentido del gusto constituyen un momento de inolvidable intimidad con el mundo. Bastarán unos sencillos ejercicios para que aflore todo un géiser de sensaciones.

Ser conscientes de lo que comemos

Coja una manzana y un cuchillo y siéntese en un lugar cómodo.

- Pele la fruta mientras respira pausadamente, contando varios segundos entre la inspiración y la espiración.
- Trocee la fruta manteniendo el ritmo lento de la respiración.
- Lleve el primer pedazo de fruta a la boca. Mastique lentamente. Perciba la textura de la fruta, la resistencia de la pulpa, cómo

se deshace en el paladar y el jugo que rezuma.

- Inspire y espire lentamente hasta fundir la respiración y la masticación en un solo gesto.
- Sea consciente del deslizamiento de la fruta por el esófago.
- Continúe hasta acabar la manzana. Siga respirando lentamente, atento a la sensación de bienestar que se expande por su cuerpo.

«La finalidad de la alimentación consciente es conocer todos y cada uno de los aspectos que definen el hambre, y para ello, familiarizarse e interiorizar todos los elementos de las intrincadas reacciones del cuerpo y la mente en relación con la comida y el proceso de comer.»

SUSAN ALBERS,
Mindfulness y alimentación

El mundo es cambio permanente. Todas las cosas se transforman en otras, todo bulle en un perpetuo crisol, en una metamorfosis incesante. Como el universo, la naturaleza de nuestra mente es la fugacidad: una cascada de emociones y pensamientos, un flujo incesante que no pocas veces nos arrastra. El mindfulness nos ayuda a detener el movimiento y comprender la esencial impermanencia del mundo y de nuestros procesos mentales. Nos ayuda a aceptar el cambio como algo positivo.

Respira la transformación en la naturaleza

- Fotografía una flor en el pleno esplendor de su lozanía.
- Semanas más tarde, fotografía la misma flor, ya ajada por la erosión del tiempo.
- Observa la primera fotografía mientras cultivas la respiración consciente. Inspira con lentitud y atención plena. Conserva el aire en el diafragma.
- Mientras espiras, contempla la flor en proceso de deterioro o ya marchita. Aprecia los cambios, distingue las fisuras que el

tiempo ha abierto en la belleza primera de la flor. Detente en la belleza marchita.

- Vuelve a inspirar y a contemplar la primera fotografía.
- Sé consciente del ciclo de la vida: crecimiento y decadencia, y otra vez crecimiento, todo ello concertado en un mismo movimiento.
- Déjate impregnar por la serena alegría del ciclo y el cambio permanente que significa vivir.

«Así considerarás este mundo fugaz:
como una estrella al alba, una burbuja en un arroyo;
un relámpago en una nube de verano,
una luz centelleante, un fantasma y un sueño.»

SUTRA DEL DIAMANTE

El arte de la atención plena, como camino vital, guarda cierta relación con el haiku. Estos breves poemas japoneses pretenden rescatar el instante, el aquí y el ahora. Un destello de conciencia centrado en la inmanencia, en un mundo natural desbordante, habitado por innumerables texturas, colores, olores y sabores cuyo acceso nos es negado por el piloto automático que frecuentemente rige nuestras vidas. El haiku invita a la detención, a respirar con el inmenso pulmón del bosque. Aquietarnos en una pequeña brizna de belleza intensamente verde, una roca, un salto de agua, un tronco, una telaraña: rastros de la vida omnipresente, notas en la sinfonía universal. Mecernos, cuidarnos, respirar en el ahí, en el ahora. El haiku es el arte poético de la atención plena. Versos que despiertan la infinitud de la existencia que late a cada paso.

Mindfulness en el bosque

- En el bosque o en un parque en la ciudad, deténgase ante un árbol o una hoja que llame su atención.
- Acaríciela y aprecie su rugosidad y su frescura. Sea consciente de las imperceptibles nervaduras, de la resistencia que el vegetal ofrece al tacto. Inspire y espire profundamente. Aleje sus preocupaciones cotidianas. Limítese a acariciar y palpar. Imagine que respira junto al vegetal, que de algún modo el vegetal entra en simbiosis con us-

ted y utiliza sus pulmones para respirar. Imagine que usted mismo es el vegetal y respira lentamente, exhalando oxígeno revitalizador. Imagine que ese oxígeno se desprende de usted y nutre el aire, permitiendo la vida de los ecosistemas, ascendiendo al cielo para integrarse en un ciclo milenario. Disuelva su respiración en el cielo. Extíngase en el confín remoto del azul. Por último, regrese a su ser.

«Una gota de agua sobre una hoja es infinita; esa gota de agua en esta hoja, ahora, en este instante.»

CHANTAL MAILLARD

El primer paso para una vida plena es acceder a sus infinitos tesoros con una atención constantemente renovada. Las rutinas laborales, la saturación informativa y el incesante bombardeo de estímulos que el ser humano recibe en la civilización contemporánea le inducen a vivir en una realidad mental cercada y no pocas veces opresiva, que cortocircuita la presencia, la intensidad y el contacto, y empobrece los vínculos con los demás y con nosotros mismos. Por ello, «despertar» es una palabra clave de la atención plena. Afilar los sentidos al borde mismo de la vida, para otorgar una mayor densidad a la experiencia y exhumar los incontables dones que la realidad puede ofrecernos. Ser un don también nosotros: regazo o cobijo para los demás, atención cordial que compensa los desequilibrios globales a partir de ese microcosmos en perpetuo devenir que es nuestra vida.

Comprobar que estamos despiertos

- En cualquier momento del día, interrumpamos nuestros quehaceres y preguntémonos directamente: «¿Estoy despierto? ¿Estoy aquí? ¿Estoy realmente aquí?».
- Si percibimos que la marea de las emociones y los pensamientos nos ha sustraído el momento presente, regresemos a su cauce, lentamente, sin forzarnos, acallando el río mental a la par que afinamos la atención a la respiración y recuperamos el sosiego.

- Este sencillo ejercicio puede realizarse en medio de la multitud, de camino al trabajo, en la oficina, en el supermercado: cualquier ocasión es buena para recuperarnos a nosotros mismos. Una fuente de calma inagotable surge entonces en lo más profundo de nuestro ser: somos nuestro propio manantial.

«La atención plena es la consciencia que emerge al prestar atención a las cosas tal como son de forma deliberada, en el momento presente y sin juzgar. Puede que se pregunte: "¿Prestar atención a qué?". A cualquier cosa, pero especialmente a aquellos aspectos de la vida que damos por sentados o que pasamos por alto. Por ejemplo, podríamos empezar prestando atención a los componentes básicos de la experiencia: cómo nos sentimos, qué es lo que pasa por nuestra mente y cómo percibimos o conocemos cualquier tipo de cosa.

La atención plena implica prestar atención a las cosas tal como son en un momento determinado, sean como sean, y no como queremos que sean.»

MARK WILLIAMS, JOHN TEASDALE, ZINDEL SEGAL y JON KABAT-ZINN, *Vencer la depresión*

El mindfulness es una técnica concreta, una herramienta práctica que podemos aplicar a la vida cotidiana. En la oficina, mientras esperamos en la cola para subir al autobús o cruzar un semáforo, mientras caminamos o comemos, podemos abrir el instante y disfrutar de los efectos balsámicos de la respiración dilatada y la armonía con todo lo que nos acontece. Pero es también una idea que aspira a que vivamos plenamente, saboreando cada momento como un regalo inconmensurable.

«Al principio todos los pensamientos pertenecen al amor. Después, todo el amor pertenece a los pensamientos.»

ALBERT EINSTEIN

Momentos para practicar el mindfulness

En el día a día hay muchas ocasiones para practicar la atención plena y sumergirse en la pura presencia del instante:

- Al despertar.
- Mientras se prepara el desayuno.
- Cuando nos peinamos.
- En los trayectos de autobús o metro.
- Durante la compra.
- Paseando por el parque.
- Mientras se saborea una taza de té o café.
- Fregando los platos.

- Realizando labores de jardinería o bricolaje.
- Viendo pasar las nubes.
- Acostado en la cama, antes de dormir.

«Dicen que lo que todos buscamos es dar sentido a la vida. No creo que sea eso lo que buscamos en realidad. Pienso que lo que buscamos es la experiencia de estar vivos...»

JOSEPH CAMPBELL,
El poder del mito

Trabajar con metáforas y analogías es una buena manera de comprender el funcionamiento de la conciencia y aplicar el mindfulness a la vida cotidiana. Una imagen despierta asociaciones mentales, a menudo inconscientes, y contribuye a arraigarnos en el instante presente, a permanecer atentos al aquí y al ahora, modulando la respiración, viviendo mientras respiramos. Las olas que rompen en la playa, la imagen de un lago en calma, el cielo o incluso una montaña son metáforas que facilitan la detención del proceso mental involuntario y nos abren al universo de sensaciones que despiertan en nosotros cuando la atención accede a la apertura, la generosidad y la confianza.

La meditación de las olas

- En la playa, quítese el calzado. Tome asiento cómodamente frente a las olas que rompen en la orilla. Entorne los ojos y respire lenta, profundamente. Cuente hasta cinco en cada inspiración y espiración.
- Observe el lento flujo y reflujo de las olas. Imagine que su mente es como ese mar que viene a morir a la orilla, atravesado por resonancias abisales. Cada ola es un pensamiento que avanza, inexorable, y se extingue conforme se acerca a tierra.

- Procure acercar el ritmo de su respiración a la cadencia de las olas. Cada pensamiento-ola brota del mar y es reabsorbido por la conciencia indiferenciada del mar. Cada pensamiento-ola nace y muere en la intimidad oceánica, se disuelve en la sensación de la identidad. El mar y la mente: ondas, pliegues y fluctuaciones. El lento plegarse y desplegarse nos infunde serenidad. Estamos aquí. Estamos ahora. En el ser. Arraigamos en la impermanencia, prendidos en la cresta de ola. Nos dejamos llevar en el frágil equilibrio de ese arraigo sereno.
- Realice este ejercicio de meditación asociativa durante diez minutos. A continuación, cierre los ojos y concentre la atención plena en la respiración, ya sin imágenes.
- Abra los ojos y camine por la playa, percibiendo la caricia de la arena en los pies descalzos.

«Si durante un instante vivimos un momento de gran serenidad, si una calma apaciguadora nos invade, si de pronto nos sentimos vinculados al infinito, si experimentamos una fugaz sensación de paz, dejar estar: no intentar retener, capturar, inmovilizar... El flujo y el reflujo, lo agradable y lo desagradable, lo bueno y lo malo, lo esperado y lo inesperado, la alegría y la tristeza.»

JEANNE SIAUD-FACCHIN, *Cómo la meditación cambió mi vida*

La respiración consciente y la atención plena nos enseñan a vivir con corazón. Abrazando cada instante, vivimos en armonía con la corriente de alegría que fluye en cada uno de nuestros actos, sin que a veces la percibamos. Pensar con corazón es intensificar la realidad, dejarnos inundar por la marea de la atención plena hasta encontrar, en nosotros mismos, el eje del mundo, la calidez, la armonía y la confianza.

Respirar con corazón

- Nada más despertar, abra de par en par la ventana más luminosa de su hogar.
- Respire hondamente. Imagine que cada inspiración es la sístole y cada espiración es la diástole. Los pulmones son el corazón y el gesto de respirar nos acerca a ese órgano tradicionalmente considerado como el centro de las emociones. Al inspirar y espirar el corazón se serena, la mirada se aquieta, los pensamientos desaceleran y alcanzamos el pulso radiante de las cosas en su

interacción con el mundo. Sucedemos en el aliento, entretejidos con el haz vibratorio de la realidad.

- Abra todas las ventanas de su hogar. El corazón respira, el alma late. El aliento es el telar que nos vincula a la urdimbre y la trama de la vida.
- Practique este ejercicio durante cinco minutos antes del desayuno. Sentirá un gozo que trasciende las palabras y emprenderá el día con energías renovadas.

«El cultivo de sí mismo depende de la rectificación del corazón. Si la persona está sometida a la ira o el miedo, no puede rectificarlo; si es presa de la alegría o de la tristeza, tampoco puede rectificarlo.

»Si el corazón está ausente, se mira y no se ve, se oye y no se escucha, se come sin apreciar el sabor de los alimentos.

»Esto es lo que llamamos cultivarse a sí mismos por medio de la rectificación del corazón.»

CONFUCIO, *Los cuatro libros*

Regalo «Cooper», regalo de atención plena

Cada día resérvese un momento para usted mismo. Un momento de intimidad y esparcimiento interior en el que abrir el cauce de la alegría que nos sostiene, por debajo de nosotros mismos, y la serenidad que nos inunda junto al gozo indescriptible. No intente hacerse un gran regalo: céntrese en algo pequeño, incluso insignificante. Contemplar las ramas de un árbol mecidas por la brisa o saborear un café deleitándose en cada uno de sus instantes es suficiente para parar el mundo y reencontrarnos, serenos y alegres, en la íntima raíz de vida que nos hace ser. Procure hallar nuevos regalos constantemente, en cosas insospechadas, y entréguese a ellos al menos una vez al día. Los efectos de la atención plena, diluida pero constante, son notablemente balsámicos. Pronto apreciará sus beneficios.

En la serie de televisión *Twin Peaks*, a raíz del asesinato de Laura Palmer, extraños sucesos se ciernen sobre un pequeño pueblo situado en el noroeste del estado de Washington, en Estados Unidos. El agente Cooper (interpretado por Kyle MacLachlan), del FBI, trabaja con la policía local para esclarecer un enigma que parece tener una explicación sobrenatural. En no pocas ocasiones, los protagonistas sucumben al desaliento o son acosados por el estrés y la desesperación. Entonces el agente Cooper invita a sus compañeros a hacerse un regalo cada día: en la vorágine de lo cotidiano, cercados por tareas rutinarias y las mil obligaciones de la vida contemporánea, parar el mundo, repentinamente, y replegarnos sobre nosotros mismos. Hacernos un regalo íntimo que puede consistir en saborear una taza de café, contemplar una puesta de sol, leer un poema predilecto: cosas que nos reconcilian y nos proyectan en el instante presente, desalojando la marea del pensamiento discursivo involuntario, automático y torrencial. Un regalo de atención plena. Un regalo de vida.

«¿Cómo podemos cultivar las condiciones necesarias para que la alegría aumente? La clave reside en estar aquí, plenamente conectados con el momento presente, prestando atención a los detalles de la vida cotidiana.»

PEMA CHÖDRÖN,
Los lugares que te asustan

El mindfulness también guarda relación con la no acción o espontaneidad del taoísmo. Al centrarnos en el instante presente, el mundo y los procesos mentales que utilizamos para describir el mundo se detienen, y eso inaugura una renovada espontaneidad y frescura en nuestros actos. Dejamos de reaccionar irreflexivamente según el modelo de los pensamientos automatizados. Apartamos, por un tiempo, el ego, y así interactuamos en el momento presente con plena conciencia. Despiertan las adormecidas energías de la creatividad, descubrimos nuevas conexiones antes inadvertidas, crecemos en la gozosa serenidad del instante dilatado, como puntos vibrantes en un vasto tejido de resonancias.

Mindfulness y creatividad

Después de practicar la respiración consciente durante unos minutos, ejercítese en el dibujo o la pintura espontánea. Ante una cuartilla en blanco, y con la mente serena y desposeída de la corriente mental que constantemente nos asedia, aplacado el ruido interior, dé rienda suelta a un trazo libre, eruptivo y descondicionado. No intente aplicar su voluntad hacia un determinado objetivo o dirección: pinte o dibuje sin pensar, acomodando la respiración consciente al gesto espontáneo. Cultive esta actividad al menos una vez a la semana. Observe hacia dónde van los trazos sin pretender imponerles un sentido, una finalidad. Simplemente, pinte. Respire. Pinte y respire acompañado por la atención plena.

«Ningún camino conduce a ninguna parte. Pero unos tienen corazón y otros no.»

Don Juan en *Las enseñanzas de don Juan*, CARLOS CASTANEDA

El mindfulness no es una terapia, sino más bien un camino, una forma de vida. No obstante, todo camino orientado hacia la apertura de las potencialidades de la vida ofrece indudables beneficios terapéuticos. Todo verdadero camino es curativo. Llegar al centro de nosotros mismos, abrevarnos en la fuente de la que emana nuestra capacidad de escucha y atención, es una inversión en nuestra propia salud y bienestar.

Beneficios del mindfulness

- La atención plena reduce los niveles de estrés, irritación, agresividad y reactividad a entornos hostiles u opresivos.
- Al inducir un estado de serenidad y placidez, mejora las relaciones interpersonales y nos predispone a atender mejor a los demás. Sus peticiones y sus requerimientos, son mejor acogidos por una mente límpida, atenta y despojada de sus automatismos.
- El mindfulness mejora la neuroplasticidad cerebral y, por lo tanto, la capacidad de

adaptación, creatividad y solución de problemas.

- Al regular y equilibrar los centros emocionales, mejora nuestras respuestas al miedo y nos permite integrarnos mejor.
- Controla la presión arterial y refuerza el sistema inmunológico, lo que previene contra eventuales enfermedades coronarias o infecciosas.
- Promueve un estilo de vida sano, asertivo, pleno e integral.

«El mindfulness trata sobre la observación sin crítica de ser compasivo con uno mismo. Cuando la infelicidad y el estrés nos sobrevuelan, en lugar de tomarlo como algo personal, aprendemos a tratarlos como si fuesen nubes negras en el cielo y a observarlos con curiosidad sana a medida que pasan y se alejan.

MARK WILLIAMS y DANNY PENMAN,
Mindfulness. Guía práctica para encontrar la paz en un mundo frenético

«Solo amanece el día para el que estamos despiertos.»

H. D. Thoreau

El mindfulness no solo puede aplicarse a la vida cotidiana. Esta herramienta de atención también puede utilizarse en la imaginación, para contarnos pequeñas historias iniciáticas que nos reconcilien con nosotros mismos y nos muestren la solución a un problema que nos angustia o la mejor opción ante una de las múltiples encrucijadas que encontramos en la vida. Estos pequeños cuentos o mitos imaginarios, pautados por la respiración consciente, contribuirán decisivamente a convertirnos en nuestro propio centro y abrevarnos en la fuente última del conocimiento interior, silenciado por la razón discursiva. Respire en la imaginación. Imagine respirando. Encontrará un enorme placer y serenidad en este grato ejercicio.

El sabio de la montaña. Un viaje de mindfulness

- Imagine que se interna en un bosque que asciende hacia la cima de una montaña. Usted pretende conocer a un hombre sabio que vive en la cumbre. Mientras realice este ejercicio, respire pausadamente, permitiendo que la atención plena inunde cada una de las imágenes que desfilan por su mente.
- Al llegar a la entrada de la cueva, verá al sabio anciano. Demórese en la contempla-

ción de sus ropas, su rostro y sus gestos. Déjese inundar por su mirada de bosque milenario. Deje que el sosiego de esa existencia retirada, tan cercana a la naturaleza, entre en usted.

- Formule una pregunta de especial importancia y cuyo sentido quiera discernir y aprehender. Observe la reacción del anciano a su pregunta. Siga respirando pausadamente.
- A continuación, transfórmese en el sabio anciano. Repase su vida anterior y examine sus emociones actuales. Observe al recién llegado (usted mismo) que acaba de formularle la pregunta. Sopese sus emociones hacia el visitante. Por último, responda a su pregunta con una mente serena y compasiva.
- Vuelva a ser usted mismo y despídase del anciano. Saboree íntimamente la respuesta que el eremita le ha ofrecido.

- Descienda lentamente la montaña. Respire profundamente a cada paso. Centre su atención en el sendero que se abre en el bosque, en los rayos de sol que se filtran entre las frondas, en la intensidad exuberante de la vida que palpita y bulle a su alrededor.
- Abra los ojos y repita interiormente la respuesta.

«Como criaturas pensantes tenemos una capacidad especial para asumir la responsabilidad de nuestra parte única y exclusiva de lo que significa estar vivos, por lo menos mientras disfrutamos de nuestro breve momento bajo el sol. Pero también tenemos una capacidad especial para permitir que nuestra mente pensante empañe por completo nuestro paso por este mundo. Corremos el riesgo de no experimentar nunca de forma directa nuestra singularidad, por lo menos mientras per-

manezcamos en la sombra que proyectan nuestros hábitos de pensamiento y nuestros condicionamientos.»

JON KABAT-ZINN, *Mindfulness en la vida cotidiana*

Al igual que el océano o un lago en calma, la montaña es un símbolo primordial del conocimiento y las potencialidades humanas. Una extraordinaria metáfora de la propia vida en tanto camino de comprensión y autorrealización. La montaña atesora eras geológicas, una sabiduría antigua que entra en resonancia con tus aspiraciones, tus anhelos más profundos y tus más arraigadas pasiones. Conocer la montaña es conocer el corazón humano: sus límites y, paradójicamente, su ausencia de límites. Su gravedad, su peso y su deseo. La infinita fuente de paz y serenidad que ha ido sedimentando a lo largo de millones de años. Aplicar la atención plena a la imagen de la montaña es acercarnos un poco más a lo que desconocemos de nosotros mismos, para descansar allí, al fin renovados, radiantes e inundados por el gozo de existir. En la inmensidad rocosa y verde del corazón del mundo.

Atención plena y la montaña

- Retírese a un lugar tranquilo y practique la respiración consciente durante aproximadamente un minuto.
- Visualice una montaña con altas cumbres nevadas. Imagine que usted se encuentra en su base, dispuesto a llegar hasta la cima.
- Ascienda acompasando los pasos al ritmo de la respiración.
- Cuando llegue a la cumbre nevada, contemple el paisaje. Deténgase en los fértiles valles que se extienden abajo, contemple

las aldeas, las estribaciones de las montañas cercanas y el intenso azul del cielo. Respire.

- Imagine que la montaña es un estado interior. Imagine que usted mismo es la montaña. Respire. Inspire profundamente y perciba cómo el aire llega hasta la raíz de la montaña, que es usted mismo. Espire y advierta cómo el aire sube por las nervaduras rocosas hasta alcanzar la cumbre, desde la que el aire es exhalado como si se tratara de un volcán.
- Descienda la montaña con pasos lentos. Respire conscientemente.

«El corazón desbordado
de mar y montañas
tanta, tanta belleza...»

Taneda Santôka

«El que no aprehende el Mar más que en detrimento de la Montaña, o la Montaña en detrimento del Mar, ese, en verdad, solo tiene una percepción obtusa.

»¡Más yo, yo percibo! La Montaña es el Mar, y el Mar es la Montaña. Y el Mar y la Montaña saben que yo lo sé.»

SHI TAO

La atención plena no requiere grandes preparativos previos. Tan solo es necesaria cierta predisposición mental y el deseo de habitar el instante presente con toda la intensidad y plenitud como nos sea posible. Aproveche cualquier oportunidad, por insignificante que parezca, para estar presente y respirar pausadamente, percibiendo los beneficios de serenidad y calma que el universo derrama en nosotros si lo dejamos entrar y lo acogemos en el regalo de una conciencia abierta al poder del ahora.

Pequeños ejercicios de atención plena

- Centre su atención en la respiración cada vez que se desencadene algún tipo de signo o señal en el entorno circundante. Por ejemplo, cada vez que suene el teléfono, lleve rápidamente su atención al momento presente y mantenga la concentración en la respiración.
- Elija cuidadosamente una señal propicia. Puede elegir el instante en el que sus manos tocan la taza del café durante el desayuno. El trino de un pájaro, el sonido del

claxon de un coche, la alarma de un reloj: cualquier señal puede actuar como disparador de la atención plena.

- Cultivar y practicar esta técnica de atención le procurará una inmensa relajación.
- Entendido así, cualquier signo del mundo es un regalo.

REGALO

«Qué día tan feliz.

»Se disipó la niebla temprano, yo trabajaba en el jardín.

»Los colibríes se detenían sobre las madreselvas.

»No había nada en la tierra que deseara tener.

»No conocía a nadie que valiera la pena envidiar.

»Olvidé todo el mal acontecido.

»No me avergonzaba pensar que era el que ahora soy.

»En el cuerpo no sentía ningún dolor.

»Al incorporarme, vi el mar azul y unas velas.»

CESLAW MILOSZ

«Conocí un segundo nacimiento, cuando mi alma y mi cuerpo se amaron y se desposaron.»

KHALIL GIBRAN

En el sufismo existen dos diferentes formas de la presencia: una, la presencia del aliento (*hozur-e dam*), y la otra, la presencia del corazón (*hozur-e del*). La presencia del aliento nos conduce a la presencia o morada del corazón. Habitar en esta morada significa haber apaciguado nuestra mente a través de la respiración consciente y pensar y respirar con corazón, serenamente, recorriendo la infinita cadena de instantes de la existencia con apertura y agradecimiento. Habitar la morada del corazón, pensar con corazón, permite desactivar el juicio previo de la mente discursiva y erradicar los prejuicios. Alcanzamos entonces el instante presente con una pureza interior no guiada por la mente automática. La intensidad de la vida, entonces, nos desborda. Y es gozo lo que atraviesa cada una de nuestras sensaciones.

«Tu visión devendrá más clara solamente cuando mires dentro de tu corazón... Aquel que mira afuera, sueña. Quien mira en su interior, despierta.»

CARL GUSTAV JUNG

Contrariamente a lo que pueda parecer, lograr un minuto completo de atención plena en la respiración no es una tarea tan sencilla. Más bien requiere un lento proceso de aprendizaje. La atención es un músculo que tenemos atrofiado y que requiere un constante ejercicio y afinación para despertar a la plenitud de sus capacidades. Al principio requiere un esfuerzo, pero muy pronto, poco a poco, la musculatura de la atención empieza a fortalecerse y nos permite estar presentes durante mayor tiempo y de manera cómoda y sencilla. Con el tiempo, habitar el instante presente, el aquí y el ahora, llegará a ser un estado natural que no habrá que forzar. El mindfulness se habrá convertido en una segunda naturaleza, una forma de estar en el mundo y enriquecer nuestra vida.

Saborear un minuto con corazón y atención plena

A veces los ejercicios más sencillos se revelan como los más eficaces. Por eso le proponemos uno que podrá realizar en cualquier momento del día.

- Active un cronómetro y déjelo correr durante un minuto exacto.
- Durante ese minuto, atienda única y exclusivamente al proceso de su respiración, sin dejarse distraer por ningún estímulo externo.

- Si le asalta algún pensamiento, abandónelo suavemente, sin hacerse violencia, y lleve su atención a la respiración.
- No intente llevar la atención más allá del minuto marcado por el cronómetro. Los pequeños intervalos de presencia y respiración consciente irán haciendo su efecto, lentamente, y con el paso del tiempo integrará este ejercicio en su rutina cotidiana con absoluta naturalidad.

El mindfulness, la calma y la compasión son realidades entrelazadas. La atención plena hace brotar la calma y muestra el aspecto fantasmagórico, insustancial, de los miedos y los problemas que nos aquejan. Nos hace conscientes de una realidad en la que todos somos transeúntes, a la que todos estamos unidos como hebras o resonancias de un gigantesco telar invisible. Una misma angustia que desarraigar en uno mismo y en los demás. Todos solidarios y cercanos en este mundo frágil, vertiginoso y no pocas veces abrumador. La atención plena nos acerca y nos ayuda a desterrar el sufrimiento interior que en mayor o menor grado habita en cada ser humano.

La práctica del compasivo estado de calma

- Piense en una emoción negativa o en un problema que le haya acosado últimamente.
- Obsérvelo en su mente y respire profundamente, procurando anclarlo en el cuerpo. Déjelo fluir dentro de usted, que ocupe todo el espacio de su organismo.
- No proyecte sobre él ningún juicio de la razón discursiva: limítese a acompañar el pensamiento o la emoción negativa mientras respira con atención plena.

- Déjese inundar por la sensación de calma y compasión que esta observación despierta en usted. Al inspirar deje entrar la emoción en su cuerpo; al espirar, la emoción negativa lo abandona y queda un poso de paz interior que se expande por todo el organismo, irradiando en ondas concéntricas.
- Su cuerpo y su respiración disuelven el pensamiento o la emoción negativa. Usted se hace consciente de su irrealidad, de su carencia de base y de su fugacidad. Vive el instante presente. El gozo del instante presente. Respire.

«Cuando te ocurre algo que te parece desagradable, respondes de manera automática con una fuerte reacción. Pero hay una práctica que puedes hacer justo en ese momento para que te ayude a estar presente y despierto. Se llama permanecer en un compasivo estado de calma. Esta práctica te permite no apegarte a tus reacciones. Al hacerla puedes ver tus interpretaciones y opiniones tal como son, como interpretaciones y opiniones. Ya no estás bajo su control, ni colorean tus pensamientos y acciones. Como es natural seguirás sintien-

do unas fuertes reacciones, al igual que el tiempo atmosférico cambia. Pero aprenderás a evitar que las emociones aumenten hasta el punto de que se conviertan en una pesadilla y te hagan sufrir aún más.»

Pema Chödrön,
Paz en tiempos de guerra

El ejercicio físico y el ejercicio de la atención son aliados naturales que pueden reforzarse mutuamente. Los investigadores han descubierto que los sujetos que practican un ejercicio físico moderado antes de realizar una prueba que mide su grado de atención obtienen mejores resultados que los sujetos que no han realizado ningún ejercicio físico. El ejercicio contribuye a reforzar la habilidad del cerebro a la hora de eludir las distracciones y facilitar la concentración. La razón para ello es sencilla: el deporte trae el cuerpo al aquí y al ahora, somos conscientes de la respiración y el movimiento de los músculos, medimos nuestros límites físicos y la liberación de endorfinas en el cerebro propicia un estado de relajación idóneo para el cultivo de la atención plena. No pierda la oportunidad de vincular ambas actividades. Recuerde que el cuerpo y la mente no son realidades independientes, sino aliados naturales. Una perspectiva integral le ayudará a mejorar la atención plena y la relajación, reuniendo ambas prácticas en un mismo ejercicio.

Ejercicio físico y mindfulness

Practique un deporte o ejercicio físico en soledad: footing, estiramientos o pesas ligeras. Prescinda de música en mp3 o de cualquier otra distracción que pueda atenuar la presencia y las sensaciones corporales. Concentre su atención en cada instante, en cada uno de los gestos necesarios para llevar a cabo el ejercicio. Module la respiración en función de la intensidad y la exigencia de cada movimiento. Inhale y exhale. Sienta cómo la energía transmitida por la respiración recorre cada uno de sus poros y se introduce en los músculos. Los beneficios del ejercicio físico plenamente consciente no se harán esperar e inundarán su cuerpo y su mente con una serenidad y un bienestar indescriptibles.

«La fuente de toda creación es la divinidad (o el espíritu); el proceso de creación es la divinidad en movimiento (o la mente); y el objeto de la creación es el universo físico (del cual forma parte nuestro cuerpo).»

DEEPAK CHOPRA

No pocas veces la atención se encuentra embotada por una sucesión de posturas corporales automatizadas: gestos encadenados y uniformes que construyen el tejido de lo cotidiano y de los que, andando el tiempo, dejamos de ser conscientes. El modo en que usted se desplaza y manipula los enseres domésticos en el hogar, cómo hace la compra o baja la basura, o el orden en que se viste acaban por configurar un espacio físico y mental basado en la repetición de unos mismos patrones que forman pliegues en la estructura de la vida cotidiana. Cambiar el ángulo de visión, romper el orden de una secuencia predeterminada de actos o cambiar la postura física a veces son suficientes para subvertir los automatismos que gobiernan nuestra vida y acceder a una perspectiva y una atención renovadas. El mundo sucede a nuestro alrededor: se despliega como una rosa de los vientos, exhibiendo una riqueza infinita que solo aguarda, intacta, a que la descubramos estando presentes y siendo plenamente conscientes de la sucesión de instantes que conforman la vida.

Romper los hábitos cotidianos con la atención plena

- Descubra algunas de las cadenas de gestos automáticos que realiza diariamente sin ser consciente de ellos, mientras su mente vaga o rumia otros asuntos. Por ejemplo, el orden que sigue al vestirse y asearse cada mañana.
- Altere el orden habitual: el pantalón o la falda antes que la camisa. Cambie el orden en que se coloca los zapatos. En el aseo, pruebe a subvertir el orden habitual: péine-

se antes de lavarse la cara y cepillarse los dientes, o a la inversa.

- Puede aplicar esta pequeña alteración en el orden de los gestos a cada actividad cotidiana que lleva a cabo de forma más o menos inconsciente.
- Concéntrese en cada uno de los gestos, respire y espire profundamente, y perciba cómo la respiración se acompasa a los movimientos corporales.
- Evite que la nueva secuencia gestual se convierta en un nuevo patrón inquebrantable que repetirá los días siguientes. Procure innovar cada mañana: todo mínimo cambio, por banal que parezca, resulta inmensamente significativo y refuerza la atención plena.

Los animales domésticos nos brindan un excelente ejemplo de presencia y atención plena. Al estar desprovistos de lenguaje y pensamiento discursivo, no se encuentran atrapados en el constante ruido de fondo mental que ata al ser humano. Su relación con el espacio y con el tiempo es, por ello, más intensa y especial. Observemos jugar a un gato: su entrega total, su estado de alerta, la precisión de cada movimiento al atrapar el ovillo de lana con la pata. El gato no juzga lo que ve: interactúa con todo su cuerpo, habitando plenamente cada instante. El gato no «pierde el tiempo»: él mismo es tiempo encarnado, volcado en la pura atención. La presencia y el mindfulness son algo consustancial a su naturaleza: su forma de ser en el mundo. El gato realiza con precisión las palabras con las que un antiguo maestro budista explicaba el modo de vida Zen: «Cuando como, como; cuando duermo, duermo». Es decir: actúo plenamente, concentrado en cada tarea cotidiana, sin distraerme, sin proyectarme hacia el pasado y el futuro. La presencia del gato en su cotidiano quehacer constituye una enseñanza profundamente vital.

El gato y la atención plena

- Este sencillo ejercicio de mindfulness resulta muy útil para comprender el sentido de la presencia y la atención plena en los animales a la vez que se interactúa y se refuerzan los vínculos con ellos.
- Mire directamente a los ojos a su gato durante un minuto. Sea consciente de su respiración en todo momento.
- Si el animal rehúye su mirada o se marcha, sígalo y retome el contacto visual.
- Déjese invadir por la serenidad que emana

de los ojos del animal. Respire suave y regularmente.

- Acaricie al animal concluido el ejercicio.
- Podrá practicar este sencillo ejercicio en cualquier momento del día.

Despertar, estar presente gracias a la atención plena es aprender a ver y a escuchar, desentumecer los sentidos y abrirlos al abanico de percepciones y sensaciones de la realidad. El mundo es una red de conexiones, un tejido en el que cada punto comunica con innumerables otros a través de hilos que transmiten la resonancia vital que habita en cada cual. La atención plena significa intensificar la vida y las sensaciones, multiplicar el abanico de posibilidades que nos ofrece nuestra estancia en la Tierra.

Ser nuestro propio centro y un centro para los demás. Ocupar un lugar necesario en la sinfonía atemporal. Recuperar para nosotros mismos el sabor, y el saber, oculto en cada instante que nos atraviesa y se detiene en una conciencia alerta a todo cuanto acontece. Fortalecer los vínculos con los demás, con nuestra mente y nuestro cuerpo como entidades inseparables. Ahondar en la raíz más viva de la compasión hacia lo humano, lo animal y lo vegetal. Renovar la capacidad de asombro ante una realidad que no está dada, inalterable y preconcebida: una realidad que recreamos y hacemos nuestra, ahora y aquí, aquí y ahora, siempre.

Técnica del escáner corporal

- Esta es una técnica clásica de mindfulness, muy útil para trabajar integralmente el cuerpo y la mente.
- En primer lugar, échese en un lugar silencioso. Procure hacerlo sobre una estera o un colchón fino: no demasiado mullido para evitar dormirse ni duro hasta el punto de generar una incomodidad que acabará por arruinar el ejercicio.
- Con los ojos cerrados, procure ser consciente de todo su cuerpo: su volumen y su

peso, el contacto con el aire, con el suelo y con el colchón o estera sobre el que yace.

- Tome conciencia de la respiración y los movimientos que ésta produce en el pecho y el abdomen. Perciba cómo la respiración pausada inunda su cuerpo de serenidad, relajación y bienestar.
- A continuación lleve su atención, suavemente, sin forzarla, a cada una de las partes de su cuerpo, empezando por los dedos de los pies, la planta del pie, los tobillos, las pantorrillas, las rodillas, los muslos, las caderas, el abdomen, y así sucesivamente hasta llegar a la coronilla. Permanezca unos diez o quince segundos concentrando su atención en cada parte del cuerpo.
- Es importante que no actúe como un observador exterior desapegado, sino que realmente esté presente en el interior de su cuerpo, mecido por el ritmo de su respiración.

- Asuma cualquier sensación, agradable o desagradable, con la que se encuentre. Limítese a respirar pausadamente: la cadencia de la inspiración y la espiración acabará por disolver cualquier sensación de malestar.
- Una vez alcanzada la coronilla, recorra, si así lo desea, el camino inverso.

«Siddharta escuchaba. Ahora permanecía atento, totalmente entregado a esa sensación; completamente vacío, solo dedicado a asimilar; se daba cuenta de que acababa de aprender a escuchar. Ya en muchas ocasiones, había oído las voces del río, pero hoy sonaban diferentes. Ya no podía diferenciar las alegres de las tristes, las del niño y las del hombre: todas eran una, el lamento del que anhela y la risa del sabio, el grito de la ira y el suspiro del moribundo. Todas estaban entretejidas, enlazadas y ligadas de mil maneras.

Y todo aquello unido era el mundo, todas las voces, los fines, los anhelos, los sufrimientos, los placeres, lo bueno y lo malo; el río era la música de la vida. Y cuando Siddharta escuchaba con atención al río, podía oír esa canción de mil voces; y si no se concentraba en el dolor o en la risa, si no ataba su alma a una de aquellas voces adentrándola en su Yo, entonces percibía únicamente el todo, la unidad. En aquel momento, la canción de mil voces consistía en una sola palabra.»

Herman Hesse, *Siddharta*

BIBLIOGRAFÍA

Bibliografía seleccionada sobre mindfulness y prácticas de meditación aplicadas a la vida cotidiana:

Albers, Susan, *Mindfulness y alimentación*, Barcelona, Oniro, 2007.

Alan Wallace, B., *El poder de la meditación para alcanzar el equilibrio*, Barcelona, Oniro, 2010.

André, Christophe, *Meditar cada día: 25 lecciones para vivir con mindfulness*, Barcelona, Kairós, 2012.

Asuero, Andrés Martín, *Aprender a cambiar con mindfulness*, Barcelona, Plataforma Editorial, 2013.

Blackmore, Susan, *El Zen y el arte de la conciencia*, Barcelona, Paidós, 2012.

Brooks, Robert y Sam Goldstein, *El poder de la resiliencia. Cómo superar los problemas y la adversidad*, Barcelona, Paidós, 2007.

Chödrön, Pema, *Libérate. Abandona tus temores y descubre el poder del ahora*, Barcelona, Oniro, 2011.

—, *Paz en tiempos de guerra*, Barcelona, Oniro, 2007.

—, *Los lugares que te asustan. Convertir el miedo en fortaleza en tiempos difíciles*, Barcelona, Oniro, 2002.

Ellis, Albert, *Usted puede ser feliz. Terapia racional emotiva conductual para superar la ansiedad y la depresión*, Barcelona, Paidós, 2000.

Emet, Joseph, *Mindfulness para dormir mejor: un programa en siete semanas*, Barcelona, Oniro, 2013.

Gázquez, Francisco, *Mindfulness. El despertar a la vida*, Barcelona, Paidós, 2012.

Germer, Christopher K., *El poder del mindfulness*, Barcelona, Paidós, 2011.

Kabat-Zinn, Jon, *Mindfulness en la vida cotidiana*, Barcelona, Paidós, 2009.

Nhat Hanh, Thich, *Felicidad: prácticas esenciales de mindfulness*, Barcelona, Kairós, 2013.

—, *El milagro de mindfulness*, Barcelona, Oniro, 2007.

Rodríguez Goñi, Jesús, *Mindfulness, gestión del estrés y adversidad*, Madrid, Mandala ediciones, 2012.

Shoshanna, Brenda, *El zen y el arte de amar*, Barcelona, Oniro, 2004.

—, *Sin miedo. Los 7 principios para alcanzar la paz mental*, Barcelona, Oniro, 2011.

Siaud-Facchin, Jeanne, *Cómo la meditación cambió mi vida*, Barcelona, Paidós, 2013.

Siegel, Daniel J., *Mindsight. La nueva ciencia de la transformación personal*, Barcelona, Paidós, 2011.

Simón Pérez, Vicente y Christopher K. Germer, *Aprender a practicar mindfulness*, Barcelona, Sello editorial, 2011.

Williams, Mark, John Teasdale, Zindel Segal y Jon Kabat-Zinn, *Vencer la depresión*, Barcelona, Paidós, 2010.

—, y Danny Penman, *Mindfulness. Guía práctica para encontrar la paz en un mundo frenético*, Barcelona, Paidós, 2013.

PÁGINAS WEB

webmindfulness.com/
www.mindfulnessvicentesimon.com/
www.mindfulnet.org/
bemindful.co.uk/
www.bemindfulonline.com/
www.mindfulness-works.com
www.plumvillage.org/mindfulness-practice

Algunas referencias:
es.scribd.com/doc/220575412/OSHO-Terapias-Meditativas
www.conocereisdeverdad.org/website/index.php?id=2740

CITAS DE LOS SIGUIENTES AUTORES

Albert Einstein. Físico teórico y cosmólogo, descubrió la teoría de la relatividad y recibió el premio Nobel en 1921.

Buda. Fundador y principal referencia del budismo, religión o camino espiritual que cuenta con millones de seguidores en todo el mundo.

Ceslaw Milosz. Poeta y narrador polaco, premio Nobel de Literatura en 1980.

Carl Gustav Jung. Psiquiatra, psicólogo y ensayista suizo, figura fundamental del psicoanálisis. Fue principalmente conocido por sus ideas sobre el inconsciente colectivo.

Carlos Castaneda. Antropólogo y escritor

de origen peruano, conocido por el ciclo de obras centradas en don Juan, un indio yaqui que inicia a Castaneda en antiguas prácticas chamánicas.

Confucio. Célebre pensador chino cuya doctrina recibe el nombre de confucianismo.

Chantal Maillard. Poeta y filósofa española de origen belga. Recibió el premio Nacional de Poesía por su obra *Matar a Platón*.

Danny Penman. Doctor en bioquímica y ensayista especializado en ciencia y salud.

Deepak Chopra. Médico y escritor indio versado en diversas corrientes espirituales orientales.

Henry David Thoreau. Escritor y filósofo estadounidense, creó el concepto de «desobediencia civil» y en su *Walden* reivindicó la vida natural, alejada de las grandes urbes cosmopolitas.

Herman Hesse. Novelista alemán, autor de clásicos como *Siddharta*, *Demián* o *El lobo estepario*.

Jeanne Siaud-Facchin. Escritora y psicóloga

clínica francesa, autora de numerosos ensayos.

John Teasdale. Ensayista y psiquiatra, especialista en neurología y ciencias cognitivas.

Jon Kabat-Zinn. Ensayista y profesor de medicina, especializado en la aplicación del *mindfulness* a los diversos ámbitos de la vida cotidiana.

Joseph Campbell. Escritor y profesor estadounidense cuya obra aborda diversos aspectos de la mitología y las religiones comparadas.

Khalil Gibran. Conocido poeta, novelista y ensayista libanés, especialmente recordado por sus obras *El loco* y *El profeta*.

Kylie Minogue. Cantante y compositora de música pop, internacionalmente conocida.

Mark Williams. Ensayista y profesor de psicología clínica, autor de *Vencer la depresión*, un *best seller* en el campo de la salud mental.

Osho. Escritor, místico y maestro espiritual indio.

Pema Chödrön. Monja budista tibetana, autora de numerosos libros sobre meditación y el sentido de la vida.

Pink Floyd. Una de las bandas de música más aclamadas de los años sesenta y setenta. Se la considera piedra angular del rock sinfónico o espacial.

Ralph Waldo Emerson. Poeta, ensayista y filósofo estadounidense, fundador del movimiento trascendentalista.

Santideva. Filósofo indio de los siglos vii-viii. Uno de los principales exponentes del budismo mahayana.

Séneca. Filósofo, político y orador romano, máximo representante del estoicismo.

Shi Tao. Pintor e investigador chino versado en cuestiones de estética y de teoría del arte.

Susan Albers. Ensayista y psicóloga estadounidense, especialista en trastornos de la alimentación.

Sutra del Diamante. Breve texto del budismo mahayana que enseña la impermanencia y el cese del apego mental como condición ineludible para la liberación.

Taneda Santoka. Poeta japonés que revolucionó las formas del haiku tradicional.

Thich Nhat Hanh. Monje budista zen vietnamita, reconocido internacionalmente como líder espiritual y activista por la paz.

Zindel Segal. Psicólogo cognitivo, uno de los pioneros en el campo de la psicoterapia basada en el *mindfulness*.

Referencias de las citas por páginas

Séneca, pág. 9: www.conocereisdeverdad.org/website/index.php?id=2740

Buda, pág. 12: plus.google.com/110266143640686030109/posts/ge26ggksoC2

Pink Floyd, pág. 16: www.azlyrics.com/lyrics/pinkfloyd/breathe.html

Kylie Minogue, pág. 17: www.azlyrics.com/lyrics/kylieminogue/breathe.html

Osho, págs. 21-22: es.scribd.com/doc/220575412/OSHO-Terapias-Meditativas

Ralph Waldo Emerson, pág. 27: Cita tomada de Brenda Shoshanna, *El zen y el arte de amar*, Barcelona, Oniro, 2004.

Thich Nhat Hanh, pág. 30: Thich Nhat Hahn, *El milagro de mindfulness*, Barcelona, Oniro, 2007.

Santideva, pág. 38: Citado en Thich Nhat Hahn, *El milagro de mindfulness*, Barcelona, Oniro, 2007.

Susan Albers, pág. 43: Susan Albers, *Mindfulness y alimentación*, Barcelona, Paidós, 2007.

Sutra del Diamante, pág. 47: Cita tomada de Brenda Shoshanna, *Sin miedo. Los 7 principios para alcanzar la paz mental*, 2011.

Chantal Maillard, pág. 52: Chantal Maillard, *La baba del caracol*, Madrid, Vaso Roto, 2014.

Henry David Thoreau, pág. 86: elmardeletras.blogspot.com.es/2013/08/waldenhenry-david-thoreau.html

Mark Williams, John Teasdale, Zindel Segal y Jon Kabat-Zinn, págs. 57-58: Mark Williams, John Teasdale, Zindel Segal y Jon Kabat-Zinn, *Vencer la depresión*, Barcelona, Paidós, 2010.

Joseph Campbell, pág. 63: Joseph Campbell, *El poder del mito*, Barcelona, Salamandra, 1991.

Jeanne Siaud-Facchin, pág. 68: Jeanne Siaud-Facchin, *Cómo la meditación cambió mi vida*, Barcelona, Paidós, 2013.

Confucio, pág. 72: Confucio, *Los cuatro libros. La gran enseñanza*, Barcelona, Paidós, 2002.

Pema Chödrön, pág. 76: Pema Chödrön, *Los lugares que te asustan. Convertir el miedo en fortaleza en tiempos difíciles*, Barcelona, Oniro, 2002.

Carlos Castaneda, pág. 81: Carlos Castaneda, *Las enseñanzas de don Juan*, Madrid, Fondo de Cultura Económica, 2001.

Mark Williams y Danny Penman, pág. 85: Mark Williams y Danny Penman, *Mindfulness. Guía práctica para encontrar la paz en un mundo frenético*, Barcelona, Paidós, 2013.

Jon Kabat-Zinn, págs. 92-93: Jon Kabat-Zinn, *Mindfulness en la vida cotidiana*, Barcelona, Paidós, 2009.

Taneda Santôka, pág. 98: Taneda Santôka, *El monje desnudo: 100 haikus*, Madrid, Miraguano, 2006.

Shi Tao, pág. 99: Shi Tao, *Discurso acerca de la pintura por el monje Calabaza Amarga*, Granada, EUG, 2012.

Ceslaw Milosz, pág. 103: Ceslaw Milosz, *Tierra inalcanzable: antología poética*, Barcelona, Galaxia Gutenberg, 2011.

Albert Einstein, pág. 60: www.sabidurias.com/cita/es/2590/albert-einstein/al-principio-todos-los-pensamientos-pertenecen-al-amor-despues-todo-el-amor-pertenece-a-los-pensamientos

Carl Gustav Jung, pág. 107: www.fundacionjung.com.ar/citas.htm

Pema Chödrön, pág. 117: Pema Chödrön, *Paz en tiempos de guerra*, Barcelona, Oniro, 2007.

Khalil Gibran, pág. 104: www.estudiosgene-

rales.ucr.ac.cr/estudios/no24/papers/iii-sec1.html
Deepak Chopra, pág. 122: akifrases.com/frase/182884
Hermann Hesse, págs. 136-137: cita tomada de Jon Kabat-Zinn, *Mindfulness en la vida cotidiana*, Barcelona, Paidós, 2009.

OTROS LIBROS SOBRE MINDFULNESS

Mindfulness
en la vida cotidiana
Donde quiera que vayas, ahí estás
PAIDÓS
JON KABAT-ZINN

Mindfulness
El despertar a la vida
Cinco pasos para vivir el presente
Prólogo de Vicente Simón
PAIDÓS
FRANCISCO GÁZQUEZ